AF313340

1909 — Février 26

528 | Chambre des Commissaires Priseurs
Envoi à la Bibliothèque Nationale.

VENTE

DU VENDREDI 26 FÉVRIER 1909

HOTEL DROUOT, SALLE N° 11

à 2 heures

MEUBLES ANCIENS

ET DE STYLE

BRONZES D'ART ET D'AMEUBLEMENT

TABLEAUX — GRAVURES ANGLAISES

Porcelaines — Objets de Vitrine

TAPIS D'ORIENT

COMMISSAIRE-PRISEUR

M⁰ F. LAIR-DUBREUIL

EXPERTS

MM. PAULME & B. LASQUIN Fils

CATALOGUE

DES

MEUBLES ANCIENS

ET DE STYLE

Commodes, Secrétaires, Bureaux, Tables, Armoires

D'ÉPOQUE RÉGENCE, LOUIS XV ET LOUIS XVI

Meuble d'entre-deux, de DASSON et de WINCKELSEM

BRONZES D'ART ET D'AMEUBLEMENT

PENDULES

Tableaux — Gravures anglaises

PORCELAINES, FAIENCES, OBJETS DE VITRINE

OBJETS VARIÉS

Tapis d'Orient et d'Aubusson

ÉTOFFES

DONT LA VENTE AUX ENCHÈRES PUBLIQUES AURA LIEU

HOTEL DROUOT, SALLE N° 11

Le Vendredi 26 Février 1909, à 2 heures

COMMISSAIRE-PRISEUR	EXPERTS
Me F. LAIR-DUBREUIL	MM. PAULME et B. LASQUIN Fils
6, rue Favart	10, rue Chauchat	12, rue Laffitte

EXPOSITION PUBLIQUE

Le Jeudi 25 Février 1909, de 2 h. à 6 heures

CONDITIONS DE LA VENTE

Elle sera faite au comptant.

Les adjudicataires paieront *dix pour cent* en sus des enchères.

Paris. — Imp. de l'Art, Ch. Berger, 41, rue de la Victoire.

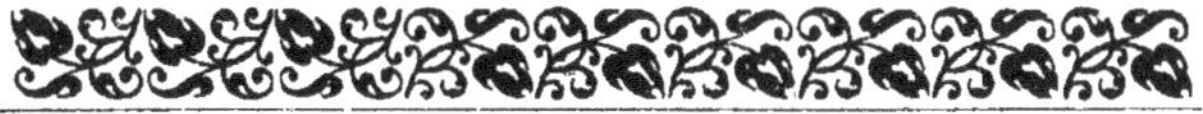

DÉSIGNATION

TABLEAUX

GRAVURES ANGLAISES

ÉCOLE FRANÇAISE

1 — *Jeune femme et ses trois enfants.*

Pastel de forme ovale.

ÉCOLE HOLLANDAISE

2 — *Paysage maritime avec moulin et pêcheurs.*

Toile.

INCONNU

3 — *Portraits de Femmes.*

Deux pendants.
Toile.

TITIEN (D'après le)

4   *Sainte Madeleine.*

5 — Quatre gravures anglaises en couleurs, par
BARNARD, d'après PORTER, représentant : En
gland, Scotland, Ireland, Wales.

> Encadrées.

6 — Deux gravures anglaises faisant pendants,
par SMITH et WARD : *A Visit to the grand
Father. A Visit to the grand Mother.*

> Deux épreuves noires, avec marge.

7 — Deux gravures en couleurs, d'après MOR
LAND : *Variety et Constancy.*

> Épreuves anciennes dans des cadres en bois
> sculpté doré.

8 — Deux très petites aquarelles, par VICTOR
GILBERT : Marchandes de fleurs.

OBJETS DE VITRINE
ARGENTERIE

9 — Médaillon ovale en ivoire : Buste de Louis XIV, profil relief, médaille.

10 — Nécessaire à coudre en nacre, dans son écrin en maroquin rouge.

11 — Boîte rectangulaire en nacre, fermoir et charnière en métal.

12 — Petit coffret rectangulaire en ivoire, ornements gravés en léger relief. Garniture de cuivre.

13 — Petit groupe : Jeune femme et enfants. Ivoire japonais.

14 — Groupe de deux personnages acteurs. Ivoire japonais.

15 — Groupe de huit petits personnages sur un rocher. Ivoire japonais.

16 — Statuette d'homme vendangeur. Ivoire japonais.

17 — Groupe de deux singes auprès d'une pagode. Ivoire japonais.

18 — Grande statuette : Jeune femme, enfant et chien. Ivoire japonais.

19 — Autre grand groupe, trois personnages. Ivoire japonais.

20 — Statuette de jeune femme debout avec parasol. Ivoire japonais.

21 — Miniature ovale : Portrait de jeune femme, par H. VIGNON.

22 — Miniature ovale, de l'époque Louis XVI : Portrait de femme, avec fichu et coiffe de dentelle.

23 — Flacon à thé en argent repoussé : Médaillons et rocailles.

24 — Deux tasses en argent repoussé à arabesques.

25 — Coffret rectangulaire, à couvercle bombé, en argent ciselé et ajouré : rinceaux de fleurs et oiseaux.

26 — Bracelet avec fermoir en or, sujets : Saints
personnages et ornements divers.

27 — Éventail en nacre ajourée, feuille en soie
peinte à trois compartiments. Style Louis XV.

PORCELAINES, FAIENCES

28 — Plaque ovale en céramique colorée (Bott-
cher?), à sujet mythologique.

29 — Salière à deux compartiments, avec figu-
gurine de bouquetière, en porcelaine décorée.

30 — Dessous de boîte en ancienne porcelaine
de Saxe, décor à fleurs.

31 — Petit plat rond en ancienne faïence his-
pano-mauresque. Cadre en bois noir.

32 — Plateau en porcelaine, décorée dans le
goût de Sèvres : Médaillon jeux d'enfants et
ornements en dorure, sur fond bleu.

33 — Aiguière et sa cuvette en ancienne porcelaine de Paris ; médaillon en grisaille : arabesques et ornements en dorure.

34 — Statuette en porcelaine d'Allemagne :
Joueuse de vielle.

35 — Grande cruche en grès émaillé bleu. Allemagne. (*Vente Spitzer, n° 1681.*)

36 — Deux aignières à anse en grès gravé et
émaux de couleurs. Allemagne.

37 — Cruche en grès, sujet de chasse en couleurs. Allemagne.

38 — Deux vases-cornets en porcelaine, genre
Chine, à personnages.

39 — Cornet à renflements médians, fond bleu
et fleurs de pêchers.

40 — Vase Médicis, de forme élevée, en biscuit,
avec pampres de vigne en relief.

41 — Paire de lampes en faïence bleue de Deck.
Monture en bronze frotté, de style chinois.

42 — Paire de vases en faïence italienne, anses
à serpents.

BRONZES D'ART
ET D'AMEUBLEMENT
PENDULES

43 — Porte-montre en bronze, époque Louis XV, à rocailles et figure du temps.

44 — Paire de girandoles en bronze doré, garnies de cristaux ; pieds à figures de sphinx et draperies. Disposées pour l'électricité.

45 — Vase cache-pot en bronze, décoré en relief de guirlandes de fleurs.

46 — Paire de candélabres, à trois lumières, en bronze poli. Disposés pour l'électricité.

47 — Paire de chenets en fer forgé à têtes d'animaux, avec barre de foyer, pelle et pincette.

48 — Paire de chenets en cuivre poli. Style XVIe siècle.

49 — Paire de chenets en bronze : lions héraldiques.

5o — Paire de chenets en bronze niellé, à pyramide et mascarons. Époque Louis XIII.

51 — Paire de grands chenets, époque Louis XVI, en bronze, modèle à vases et têtes de béliers, sur socle carré, avec galerie et cassolettes enflammées.

52 — Deux girandoles bout de table, à cinq lumières, bronze et cristaux.

53 — Paire d'appliques, à deux lumières, en bronze doré. Empire.

54 — Paire de flambeaux, forme torche, en bronze patiné et doré. Époque Restauration.

55 — Plateau, à deux anses, en métal doré, fond de glace. Style Louis XV.

56 — Groupe en bronze patiné : Enfant et chèvre.

57 — Statuette d'amour nu, debout, en bronze patiné.

58 — Sphinx couché en bronze patiné. Socle marbre.

59 — Deux statuettes en bronze patiné : Figures d'enfants debout. Sur socles en marbre.

60 — Paire d'appliques, à deux lumières, bronze. Style Louis XVI.

61 — Deux chiens griffons en bronze patiné. Sur
socle rectangulaire en bronze doré Louis XVI.

62 — Paire de candélabres, à trois lumières :
Figure de femme portant un bouquet de lys,
en bronze. Sur socle rond en marbre blanc.
Style Louis XVI.

63 — Support de coupe ou candélabre en bronze
doré, formé d'un groupe de trois femmes
dans le goût de *Clodion.* Socle rond en marbre blanc, orné de bronzes dorés.

64 — Paire de girandoles en bronze, ornées de
cristaux. Époque Louis XVI.

65 — Petit buste d'homme en bronze. Italie, xvi^e
siècle.

66 — Pendule Empire en bronze doré : Figure
de femme allégorique et chien.

67 — Pendule en bronze patiné et doré, forme
gaine, surmontée d'un vase. Époque Restauration.

68 — Pendule d'époque Louis XVI, en marbre
blanc et bronze doré, pilastres et cariatides,
avec aigle surmontant le mouvement.

OBJETS VARIÉS

69 — Coffret rectangulaire en bronze, à motifs d'amours. Genre italien. xvi⁰ siècle.

70 — Crosse en ivoire sculpté, de style Moyen âge.

71 — Socle carré en bois plaqué d'écaille, avec motifs d'appliques en argent. xviiᵉ siècle.

72 — Casse-noisette en buis sculpté. Epoque Louis XIII.

73 — Médaille, par G. DUPRÉ, en bronze doré; sur la face : Bustes profils d'Henri IV et Marie de Médicis; au revers, allégorie et date *1603*.

74 — Coffret, de forme rectangulaire, à couvercle en dôme, bois mouluré doré, avec médaillons peints sur les faces. Italie, xviᵉ siècle. (*Vente Bonaffé.*)

75 — Bible publiée à Amsterdam en 1845, dans une reliure en maroquin, avec garniture et fermoirs en argent.

76 — Quatre vantaux de fenêtre en vitraux.

77 — Petite statuette : Danseuse, en albâtre.

78 — Carafon Louis XVI en verre taillé, rehaussé de dorure.

79 — Carafe et sucrier en cristal taillé.

80 — Paire de bouteilles émaillées, sujet de chasse et arabesques sur fond rouge.

81 — Cadre rond en bois sculpté : têtes de chérubins, tors de fruits. Fin du XVIe siècle. (*Collection Spitzer.*)

82 — Deux coupes à anses en jade taillé. Travail chinois.

83 — Groupe en bois sculpté polychromé, sur socle en bois sculpté doré : Tobie et l'Ange. XVIIIe siècle.

MEUBLES ANCIENS
ET DE STYLE
SIÈGES

84 — Fausse cheminée en peluche rouge, avec bandeau et montants garnis d'applications en ancienne broderie à fils métalliques dorés.

85 — Glace en bois sculpté doré. Époque Louis XV.

86 — Glace en bois sculpté doré. Époque Louis XVI.

87 — Petite table ovale en acajou, ornée de bronze, de forme ovale. Style Louis XVI.

88 — Table-bureau, de style Louis XV, en bois de placage, garni de bronzes ; dessus de maroquin.

89 — Commode en acajou à trois tiroirs, rangs de perles en cuivre ; dessus de marbre. Époque Louis XVI.

90 — Table poudreuse Louis XVI en noyer, sur quatre pieds droits cannelés.

91 — Petite table Louis XVI en acajou, à mou
lures de cuivre, garnie de trois tiroirs et po-
sant sur quatre pieds droits.

92 — Commode en bois de placage, garnie de
quatre tiroirs et ornée de bronzes ciselés et
dorés; dessus de marbre. Époque de la Régence.

93 — Bahut ou coffre en bois sculpté. Style go
thique.

94 — Armoire en chêne sculpté. Époque
Louis XV.

95 — Secrétaire droit à abattant en acajou, avec
filets de cuivre. Époque Louis XVI.

96 — Bureau à cylindre en acajou, orné de
filets de cuivre. Époque Louis XVI.

97 — Commode, ouvrant à deux tiroirs, en mar
queterie ornée de bronzes. Époque Louis XV.

98 — Commode, ouvrant à trois tiroirs, en marqueterie ornée de bronzes. Époque Louis XV.

99 — Commode en bois sculpté. Époque
Louis XV.

100 — Commode, ouvrant à deux tiroirs, en
chêne. Époque Louis XV.

101 — Commode, à trois tiroirs, en chêne. Époque Louis XVI.

102 — Grande bibliothèque, à deux portes vitrées, ornements et encadrements de bronzes ciselés et dorés. Style Louis XIV.

103 — Armoire normande en bois sculpté, ouvrant à deux portes garnies de glaces biseautées.

104 — Bureau à quatre faces, forme à dos d'âne, en bois de rose et bois de violette, entrées de serrures en bronze. Époque Louis XV. (*Restaurations.*)

105 — Meuble à hauteur d'appui en bois noir, ouvrant à deux vantaux et décoré sur la façade et sur les côtés de vases de fleurs et de branches de fruits en matières dures, dans des encadrements de lapis et de marbre. Frises, carriatides et ornements variés en bronze ciselé et doré. Dessus de marbre blanc.

106 — Meuble d'entre-deux en bois noir richement garni de bronzes ciselés et dorés ; il ouvre à trois vantaux et est décoré dans la partie centrale d'un médaillon en biscuit figurant les Trois Grâces, dans un encadre-

ment enguirlandé de fleurs, ornements en bronze ciselé et doré tels que trophées et cariatides, plaques de lapis. Dessus de marbre blanc. Travail de *Winckelsem*.

107 — Table en bois noir, sur quatre pieds balustres reliés par une entrejambe, et décorée de guirlandes de fleurs et ornements divers en bronze ciselé et doré et de plaques en lapis. Dessus de velours rouge. Travail de *Winckelsem*.

108 — Meuble d'entre-deux en bois noir et marqueterie de cuivre sur fond d'écaille brune. La partie centrale, à fronton cintré et placée entre deux rangées de tiroirs, ouvre à un vantail décoré de consoles avec brûle-parfums, draperie et mascaron en bronze ciselé et doré; l'entablement est soutenu par des petites consoles plaquées de corne verte. Style Louis XV. De la maison *Dasson*.

109 — Commode en bois de placage, garnie de bronzes, époque Louis XV; dessus de marbre.

110 — Glace dans son cadre en bois sculpté Louis XIV.

111 — Deux tabourets Louis XV, recouverts en tapisserie.

112 — Ameublement de salon en bois sculpté peint et doré, composé d'un canapé, deux fauteuils, quatre chaises. Époque Louis XVI. Couvert en étoffe jaune. (Le canapé d'un modèle différent)

TAPIS D'ORIENT
ET D'AUBUSSON
ETOFFES

113 — Bandeau horizontal en ancienne tapisserie; décor d'enfants sur fond de feuillage; plus deux fragments analogues.

114 — Bannière carrée, figure de saint évêque et écusson, en broderie de soie appliquée sur velours rouge.

115 — Lot de fragments d'étoffe provenant d'une chasuble.

116 — Dessus de piano en soie brochée à fleurs fond vert.

117 — Lot de passementerie.

118 — Carpette d'Orient, fond bleu, à arabesques, vases fleurs et oiseaux. Bordure à rosaces et entrelacs.

Long., 5 mètre; larg., 2 m. 20 cent.

119 — Tapis de prière, oriental, fond rouge et vert. Bordures carrelages, fond rouge et jaune.

> Long., 1 m. 70 cent.; larg., 1 m. 5 cent.

120 — Carpette orientale, carrelages fond noir. Bordure fond blanc.

> Long., 1 m. 35 cent.; larg., 1 m. 5 cent.

121 — Carpette d'Orient fond bleu, dessins réguliers. Bordure à bâtons rompus.

> Long., 1 m. 70 cent.; larg., 1 mètre.

122 — Petite carpette veloutée, d'Orient, dessins à rayures. Bordures fond bleu.

> Long., 1 m. 3o cent. ; larg., 75 cent.

123 — Carpette veloutée d'Orient, rosace au centre sur fond jaune. Bordure rouge à dessins réguliers.

> Long., 1 m. 8o cent.; larg., 1 m. 4o cent.

124 — Petite carpette orientale, fond crème. Bordures vertes et rouges.

> Long., 1 m. 15 cent.; larg., 8o cent.

125 — Carpette d'Orient, fond rouge.

> Long., 1 m. 5 cent.; larg., 1 m. 5 cent.

126 — Petit tapis de prière, oriental, fond blanc et rouge. Bordure fond jaune et blanc.

> Long., 1 mètre; larg., 85 cent.

127 — Tapis de prière, d'Orient, en soie, fond
bis. Bordures à rinceaux, multicolores, fond
bleu.

Long., 1 m 75 cent.; larg. 1 m. 3o cent.

128 — Carpette d'Orient, fond rouge, dessins
réguliers. Bordure fond blanc. (Incomplète.)

Long., 3 mètres; larg,, 1 m. 20 cent.

129 — Carpette d'Orient, à carrelages sur fond
ocre. Bordure géométrique, fond blanc.

Long., 2 m. 10 cent.; larg., 1 mètre.

13o — Carpette d'Orient, dessins géométriques,
fond bleu. Bordures bleu et blanc.

Long., 5 m. 6o cent.; larg., 2 m. 5o cent.

131 — Galerie-carpette d'Orient, fond bleu,
médaillons crème. Bordure fond rouge.

Long., 4 m. 75 cent.; larg., 1 m .8o cent.

132 — Grande carpette d'Orient, à dessin poly-
chrome.

Long., 4 m. 5o cent.; larg., 3 m. 75 cent.

133 — Tapis d'Aubusson, médaillon à rosaces,
fleurs et rinceaux.

Long., 3 m. 40 cent.; larg., 2 m. 8o cent.

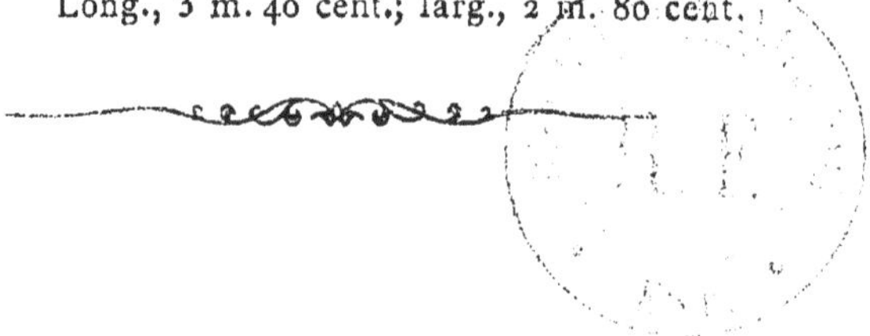

www.ingramcontent.com/pod-product-compliance
Ingram Content Group UK Ltd.
Pitfield, Milton Keynes, MK11 3LW, UK
UKHW031706170726
13836UKWH00001B/77